Patrick Rosenthal

DAS INOFFIZIELLE Harry Potter COCKTAILBUCH

Patrick Rosenthal

DAS INOFFIZIELLE Harry Potter COCKTAILBUCH

40 magische Rezepte

riva

Bibliografische Information der Deutschen Nationalbibliothek
Die Deutsche Nationalbibliothek verzeichnet diese Publikation in der Deutschen Nationalbibliografie. Detaillierte bibliografische Daten sind im Internet über http://dnb.d-nb.de abrufbar.

Für Fragen und Anregungen
info@rivaverlag.de

Wichtiger Hinweis
Dieses Buch ist für Lernzwecke gedacht. Es stellt keinen Ersatz für eine individuelle medizinische Beratung dar und sollte auch nicht als solcher benutzt werden. Wenn Sie medizinischen Rat einholen wollen, konsultieren Sie bitte einen qualifizierten Arzt. Der Verlag und der Autor haften für keine nachteiligen Auswirkungen, die in einem direkten oder indirekten Zusammenhang mit den Informationen stehen, die in diesem Buch enthalten sind.
Ausschließlich zum Zweck der besseren Lesbarkeit wurde auf eine genderspezifische Schreibweise sowie eine Mehrfachbezeichnung verzichtet. Alle personenbezogenen Bezeichnungen sind somit geschlechtsneutral zu verstehen.
Dieses Buch ist kein offizielles Lizenzprodukt und wurde weder von J.K. Rowling, ihrem Verlag noch von Warner Bros. Entertainment Inc. autorisiert, genehmigt oder lizenziert.

Originalausgabe
3. Auflage 2021

Türkenstraße 89
80799 München
Tel.: 089 651285-0
Fax: 089 652096

Redaktion: Ulrike Reinen
Umschlaggestaltung: Isabella Dorsch
Umschlagabbildungen und Abbildungen im Innenteil: Patrick Rosenthal
Illustrationen: nikiteev_konstantin/shutterstock
Layout: Isabella Dorsch
Satz: inpunkt[w]o, Haiger (www.inpunktwo.de)
Druck: Florjancic Tisk d.o.o., Slowenien
Printed in the EU

ISBN Print 978-3-7423-1890-9
ISBN E-Book (PDF) 978-3-7453-1605-6
ISBN E-Book (EPUB, Mobi) 978-3-7453-1606-3

INHALT

VORWORT

Harry-Potter-Cocktails? Klar doch, denn ein richtiger Potterhead braucht ab und zu auch mal eine Erfrischung. Die von Harry Potter inspirierten Cocktailrezepte passen perfekt zu einer Party im Hogwarts-Stil, zu einem langen Filmeabend mit Freunden und zu Geburtstagspartys für Groß und Klein. Neben dem Eierlikör-Cocktail »Egg-rid« – wir erinnern uns gern daran zurück, wie Hagrid nach ein paar Eierlikören lauthals Weihnachtslieder sang – und Dumbledores Zitronenbrause, die von seinen Lieblingsbonbons inspiriert ist, werden auch einige alkoholfreie Cocktails vorgestellt. Eine der kindertauglichen Kreationen ist der goldene Glückscocktail »Felix Felicis«. Mittlerweile sind auch wirklich leckere Rum- und Whiskysorten erhältlich, die teils mit den gleichen Inhaltsstoffen versetzt sind, aber nicht gegärt und in Alkohol umgesetzt wurden.

Ich wünsche so viel Spaß beim Ausprobieren, wie ich ihn hatte.

HOGSMEADE

BUTTERBIER-COCKTAIL

Ohne Butterbier keine Zauberwelt. Harry-Potter-Fans wissen, dass Butterbier bei den Hogwarts-Schülern – insbesondere bei Harry, Ron und Hermine – sehr beliebt ist. Für die großen Zauberer gibt es natürlich einen richtigen Butterbier-Cocktail!

ZUTATEN FÜR 1 GLAS

45 ml Butterscotch-Sirup
45 ml Rum
250 ml Malzbier
Schlagsahne (optional)

1. Butterscotch-Sirup und Rum verrühren und in ein hohes Glas geben.
2. Mit Malzbier aufgießen.
3. Wer mag, kann den Cocktail noch mit Sahne toppen.

TIPP:

Für kleine Magier kann man den Rum einfach weglassen.

BUTTERSCOTCH-SIRUP

Den Sirup für den Butterbier-Cocktail kann man natürlich auch ganz einfach selbst machen.

ZUTATEN FÜR CA. 450 ML SIRUP

400 g Zucker
220 ml Wasser
60 g Butter
1 Prise Meersalz
½ TL Backpulver
220 ml kochendes Wasser

1. In einem hohen Topf Zucker, 220 ml Wasser, Butter und Salz vermengen. Auf mittlerer Hitze unter Rühren so lange köcheln lassen, bis der Zucker geschmolzen ist.

2. Dann die Hitze hochdrehen und aufkochen lassen. Köcheln lassen, bis die Masse goldbraun ist. Vom Herd nehmen und Backpulver unterrühren. Das kochende Wasser langsam unterrühren. Sollte sich der Zucker wieder trennen, nochmals alles erhitzen und schmelzen lassen.

GOLDLACK-SEKT

Wenn sich Professor McGonagall, Professor Flitwick und Minister Fudge im Wirtshaus »Drei Besen« treffen, bestellen sie natürlich ihre Lieblingsgetränke. Inzwischen ist es an der Zeit, die Lieblingsgetränke in Cocktails zu verwandeln. Minerva McGonagalls Goldlackwasser wird kurzerhand zu Goldlack-Sekt.

ZUTATEN FÜR 4–6 GLÄSER

1 Dose Aprikosen (Abtropfgewicht ca. 500 g)
Saft von 1 Zitrone
15 g Zucker
1 Flasche Sekt oder Prosecco (750 ml)

1. Aprikosen zusammen mit dem Saft aus der Dose nehmen, in einen geeigneten Behälter umfüllen und über Nacht einfrieren.
2. Am nächsten Tag die gefrorene Masse mit Zitronensaft und Zucker in einen Hochleistungsmixer geben und pürieren. 250 ml Sekt dazugießen und verrühren.
3. Den restlichen Sekt nach und nach zugeben und weiterrühren. Sofort servieren.

TIPP:

Der Sekt oder Prosecco kann auch gegen Kindersekt oder alkoholfreien Sekt ausgetauscht werden.

BLOODY EBER

Das Wirtshaus »Eberkopf« im Dorf Hogsmeade ist nicht gerade für seine Barkarte berühmt. Außen schäbig und heruntergekommen, ist auch das Innere eher verdreckt. Staubige Flaschen voller Butterbier wechseln schnell die Besitzer. Auf dem Schild über dem Eingang sieht man einen blutigen Eberkopf. Da wird die »Bloody Mary« zum »Bloody Eber«.

ZUTATEN FÜR 1 GLAS

1 Stange Staudensellerie
10 Eiswürfel
50 ml Wodka
10 ml Zitronensaft (frisch gepresst)
1 Schuss Worcestersoße
2 Tropfen Tabasco
1 Prise Selleriesalz
1 Prise Pfeffer
150 ml Tomatensaft

1. Staudensellerie waschen und Enden abschneiden.

2. Eiswürfel in ein Rührglas füllen. Wodka, Zitronensaft, Worcestersoße, Tabasco, Selleriesalz, Pfeffer und Tomatensaft zugeben und verrühren.

3. Durch ein Barsieb in ein Longdrinkglas gießen und mit der Selleriestange servieren.

ROTER FEUERWHISKY

Feuerwhisky ist eine ganz spezielle Sorte, die nur in der magischen Welt bekannt ist und ziemlich viel Promille haben soll. Ein Rotwein-Whisky-Cocktail darf natürlich nicht fehlen.

ZUTATEN FÜR 2 GLÄSER

60 ml Whisky
30 ml Zitronensaft (frisch gepresst)
20 ml Zuckersirup
10 Eiswürfel
20 ml trockener Rotwein

1. Whisky, Zitronensaft, Zuckersirup und Eiswürfel in einen Shaker geben.
2. 15 Sekunden gut shaken und über ein Sieb auf 2 Gläser verteilen.
3. Mit Rotwein aufgießen und umrühren.

ZUCKERSIRUP

Diesen Sirup kann man ganz einfach auch selbst herstellen.

3 Teile Zucker
2 Teile Wasser

1. Zucker und Wasser vermischen.

2. Die Mischung in einem Topf zu einem dickflüssigen Sirup einkochen.

3. Sollte sich der Sirup gelblich verfärben, so deutet das auf eine Karamellisierung hin. Dann einfach die Temperatur etwas verringern.

DIRTY 3

Das Wirtshaus »Drei Besen« liegt in Hogsmeade. Die Wirtin Rosmerta verzaubert ihre Gäste gern mit einem Lächeln und hat für jeden Geschmack die passenden Getränke parat. Der »Dirty 3« hat das Potenzial, zum Signature-Drink vom »Drei Besen« zu werden.

ZUTATEN FÜR 1 GLAS

Eiswürfel
30 ml weißer Rum
1 TL Chai-Sirup
70 ml kalter Espresso
100 ml Kokosmilch

Eiswürfel in ein Glas geben, Rum, Sirup und Espresso zugeben und mit Kokosmilch auffüllen. Eiskalt servieren.

CHAI-SIRUP

Der Sirup für den »Dirty 3« kann auch selbst hergestellt werden.

ZUTATEN FÜR 500 ML

500 ml schwarzer Tee
300 g brauner Zucker
2 Zimtstangen
8 Nelken
2 Sternanis
1 EL Kardamomsamen
5 schwarze Pfefferkörner
1 Prise Muskatnuss (gemahlen)
2 Lorbeerblätter
1 cm Ingwer (geschält und gewürfelt)

1. Tee und Zucker in einen großen Topf geben und erhitzen, bis sich der Zucker vollständig aufgelöst hat. Ab und zu umrühren. In einer beschichteten Pfanne Zimt, Nelken, Sternanis, Kardamomsamen und Pfefferkörner kurz erhitzen, sodass sich die Aromen entfalten können.

2. Gewürze aus der Pfanne, Muskat, Lorbeer und Ingwer zur Tee-Zucker-Mischung geben und im Topf 20 Minuten köcheln lassen.

3. Sirup über ein Sieb in sterile Flaschen füllen.

FLÜSSIGES TIRAMISU AUS DEM HONIGTOPF

Der beliebteste Laden in Hogsmeade ist wohl das Süßwarengeschäft »Honigtopf«. Ambrosius Flume, Besitzer des Ladens, hat nicht nur magische Süßigkeiten auf Lager. Ich bin mir sicher, dass er sich nach einem erfolgreichen Tag auch etwas Süßes in flüssiger Form gönnt.

ZUTATEN FÜR 4 GLÄSER

50 ml Sahne
½ Päckchen Vanillezucker
50 g Mascarpone
100 g Vollmilchschokolade (gerieben)
3 EL Zucker
250 ml Kaffee
Eiswürfel
60 ml Whisky
30 ml Amaretto
Kakaopulver
Löffelbiskuits zum Servieren

1. Sahne mit Vanillezucker steif schlagen, Mascarpone unterrühren. Die Masse in einen Spritzbeutel mit Sterntülle geben und kalt stellen.

2. Schokolade, Zucker und Kaffee in einen Topf geben und unter Rühren langsam köcheln lassen, bis sich die Schokolade ganz aufgelöst hat. Vollständig abkühlen lassen.

3. Die Mischung zusammen mit Eiswürfeln in einen Mixer geben. Whisky und Amaretto hinzufügen und gut durchmixen.

4. Weitere Eiswürfel in Cocktailgläser geben und die Kaffee-Schokolade-Mischung zugießen.

5. Die Mascarponecreme aufspritzen, mit Kakaopulver bestäuben und mit Löffelbiskuits servieren.

S&B
WASABI

CHARAKTERE

EGG-RID

Der Halbriese Hagrid hat auf der Weihnachtsfeier alles gegeben. Nach jedem Schluck Eierlikör sang er die Weihnachtslieder lauter mit. Dieser Eierlikör-Cocktail schmeckt so gut, dass man ihn genießen sollte. Singen könnt ihr später.

ZUTATEN FÜR 1 GLAS

- 60 ml Eierlikör
- 50 ml Vollmilch (3,8 % Fett)
- 1 TL Blue Curaçao
- 1 TL Kokossirup
- 1 TL Pfefferminzsirup
- 4 Eiswürfel

Alle Zutaten in ein Gefäß geben, mit einem Löffel kräftig verrühren und durch ein Sieb in ein Cocktailglas gießen. Für Kinder kann man den Eierlikör gegen Orangensaft tauschen; der im Handel erhältliche Blue-Curaçao-Sirup ist in der Regel alkoholfrei.

CHERRY WICK

Professor Flitwick genießt seinen Kirschsirup mit Soda am liebsten mit Schirmchen. Sicherlich wird ihm auch der »Cherry Wick« schmecken. Ganz wichtig: alle Zutaten vorher gut kühlen.

ZUTATEN FÜR 2 GLÄSER

50 ml Wodka
300 ml Orangensaft
200 ml Kirschsaft

Erst den Wodka, dann den Orangensaft in hohe Gläser geben. Das Glas leicht schräg halten und den Kirschsaft hineingießen.

RED FUDGE COLADA

Minister Fudge hat eine Vorliebe für Johannisbeer-Rum.
Zu seinen Ehren gibt es jetzt die »Red Fudge Colada«.

ZUTATEN FÜR 1 GLAS

20 ml weißer Rum
60 ml Kokoslikör (z. B. Malibu)
20 ml Sahne
40 ml Kokosmilch
Crushed Ice
100 ml Johannisbeersaft

1. Rum, Kokoslikör, Sahne und Kokosmilch in einen Shaker geben und gut schütteln.
2. Ein Cocktailglas zu ¾ mit Eis füllen und die Rummischung zugeben. Mit Johannisbeersaft auffüllen.

MACH WAS

DUMBLEDORES ZITRONENBRAUSE

Der Schulleiter Albus Dumbledore liebt Zitronenbrausebonbons.
Ganz klar, dass ihm auch dieser Cocktail munden wird.

ZUTATEN FÜR
1 GLAS

Crushed Ice
20 ml Gin
10 ml Zitronensaft (frisch gepresst)
5 ml Honigsirup
1 Päckchen Zitronenbrausepulver

1. Einen Cocktailshaker zur Hälfte mit dem Eis füllen. Gin, Zitronensaft und Sirup zugeben und kräftig schütteln.

2. Den Rand eines Glases in Wasser tauchen und dann in das Brausepulver dippen. Cocktail einfüllen und dann noch etwas Brausepulver einfüllen - prickelt ganz schön!

TIPP:

Den Honigsirup kann man selbst machen: Wasser und Honig zu gleichen Teilen in einen Topf geben und unter Rühren erhitzen, bis sich der Honig vollständig aufgelöst hat.

TODESSER-LONG-ISLAND-ICE-TEA

Lord-Voldemort-Anhänger, die Todesser, kämpfen für den Sieg der schwarzen Magie mit allen Mitteln. Sie sind genauso unberechenbar und stark wie der »Long Island Ice Tea«.

ZUTATEN FÜR 1 GLAS

Eiswürfel
10 ml Wodka
10 ml Gin
10 ml weißer Tequila
5 ml Orangenlikör
2 TL Zitronensaft
Cola zum Aufgießen

1. Einen Cocktailshaker halb mit Eis befüllen.
2. Wodka, Gin, Tequila, Orangenlikör und Zitronensaft zugeben und kräftig schütteln.
3. In ein mit Eiswürfeln gefülltes Glas geben und mit Cola aufgießen.

WEASLEY SOUR

Die Weasley-Jungs (vor allem die Zwillinge Fred und George) sind, wie der »Weasley Sour«, gleichzeitig süß und etwas sauer.

ZUTATEN FÜR 1 GLAS

Eiswürfel
50 ml Amaretto
30 ml Zitronensaft
10 ml Orangensaft
10 ml Zuckersirup
Bio-Zitronenschale zum Garnieren

1. Eiswürfel in ein kleines Glas geben.
2. Amaretto, Zitronensaft, Orangensaft und Zuckersirup in einen Cocktailshaker geben. Gut schütteln und in das Glas gießen.
3. Mit Zitronenschale garnieren.

WEASLEY-HOLUNDER-SANGRIA

Bei Familie Weasley ist der aromatische Holunderblütenwein ziemlich beliebt. Im Sommer kann aus dem wirklich leckeren Wein eine erfrischende Sangria gezaubert werden.

ZUTATEN FÜR 1 L

Eiswürfel
50 ml Orangenlikör
200 ml Zitronenlimonade
Bio-Obst zum Garnieren (z. B. Zitronen, Orangen, Erdbeeren)
750 ml Holunderblütenwein

1. Die Eiswürfel in eine Karaffe geben und mit Orangenlikör und Limonade übergießen.

2. Obst in mundgerechte Stücke schneiden und dazugeben. Mit Wein aufgießen, umrühren und servieren.

TIPP:

Anstelle des Holunderblütenweins kann man auch Weißwein mit 30 ml Holunderblütensirup vermengen.

HERMINES VITAMIN-C-BOOSTER

Als Tochter der Zahnärzte Mr und Mrs Granger ist Harrys Schulfreundin Hermine es gewohnt, sich gesund zu ernähren. Sie wäre sicherlich begeistert, wenn sie den Vitamin-C-Cocktail probieren würde.

ZUTATEN FÜR 2 GLÄSER

200 ml Hagebuttentee (abgekühlt)
200 ml Kirschsaft
Saft von ½ Zitrone
1 TL Honig
Eiswürfel

1. Alle Zutaten mit Eis in einen Cocktailshaker geben und gut schütteln. In Gläser mit Eiswürfeln abseihen.

TIPP:

Den Honig schon beim Teekochen zugeben, sodass er sich besser auflösen kann.

BLANC MALFOY

Armand Malfoy, eigentlich Franzose und erster Zauberer im Stammbaum der Malfoy-Familien, hat mich zu dem »Blanc Malfoy« inspiriert. In den ländlichen Regionen Frankreichs gehört der »Blanc Cassis« zu den beliebtesten Aperitifs.

ZUTATEN FÜR 1 GLAS

- 10 ml Himbeerlikör
- 90 ml trockener Weißwein
- 1 Handvoll frische Himbeeren (optional)

Himbeerlikör in ein Glas geben und mit Weißwein auffüllen. Mit frischen Himbeeren garnieren.

TIPP:

Der originale »Blanc Cassis« – auch Kir genannt – wird mit Crème de Cassis anstelle des Himbeerlikörs gemischt.

WHITE OWL

Seit Harry die Schnee-Eule Hedwig zu seinem 11. Geburtstag von dem Halbriesen Hagrid bekommen hat, wünschen wir uns auch einen fliegenden Nachrichtenüberbringer, oder? Auch wenn Hedwig manchmal etwas eigensinnig war, hat die Schnee-Eule ihren eigenen Cocktail verdient.

ZUTATEN FÜR 1 GLAS

Crushed Ice
30 ml weißer Rum
30 ml Wodka
10 ml Licor 43
20 ml Kokosmilch
10 ml Sahne
20 ml Orangensaft
40 ml Ananassaft

Ein Glas mit Crushed Ice füllen. Alle anderen Zutaten verrühren und in das Glas gießen.

RITAS MOON MILK

Rita Kimmkorn, Reporterin des Tagespropheten, kommt einfach nicht zur Ruhe. Immer auf der Suche nach neuen Storys verwandelte sie sich in einen Käfer, um andere auszuspionieren. Ein warmer Moon-Milk-Cocktail wirkt da sicherlich beruhigend.

ZUTATEN FÜR 2 GLÄSER

250 ml Hafermilch
1 Prise Zimt
½ TL Muskatnuss (gemahlen)
½ Vanilleschote
1 TL Honig
1 TL Ashwagandha-Pulver
20 ml Rum

1. Hafermilch zusammen mit Zimt und Muskat in einen Kochtopf geben und erwärmen.
2. Das Mark aus der Vanilleschote nehmen. Mit Honig und Ashwagandha unter die Milchmischung geben und verrühren.
3. Die fertige Moon Milk mit einem Schuss Rum servieren.

TIPP:

Die kinderfreundliche Variante schmeckt auch ohne Rum und Ashwagandha-Pulver sehr gut.

Ashwagandha ist ein Nachtschattengewächs und wird auch gern als Schlafbeere, Winterkirsche oder Indischer Ginseng bezeichnet. Man kann es mittlerweile online und offline in gut sortierten Lebensmittelmärkten erhalten.

S&B
SELECTED
WASABI
POWDER
黄桜

FREIHEIT FÜR DOBBY

Dobby, den wohl gutmütigsten freien Hauselfen aller Zeiten, habe ich einfach ins Herz geschlossen. So eigenwillig wie Dobby, so eigenwillig auch der Wasabi-Cocktail.

ZUTATEN FÜR 1 GLAS

1 TL Wasabi-Pulver
120 ml japanischer Grüntee
60 ml Sake
Saft von ½ Limette
Eiswürfel
2 Thymianzweige

1. Wasabi-Pulver mit dem Grüntee verrühren, bis das Pulver vollständig aufgelöst ist.
2. Sake und Limettensaft mit Eiswürfeln in einen Cocktailshaker geben und kräftig schütteln.
3. In ein Glas gießen und mit Thymian servieren.

TRANK DER HALBRIESEN

Die wohl bekanntesten Halbriesen aus der magischen Welt sind Rubeus Hagrid und Olympe Maxime. Für Halbriesen habe ich einen besonderen Trank mit frischem Thymian kreiert.

ZUTATEN FÜR 2 GLÄSER

250 ml Cider
50 ml Wodka
1 Spritzer Zitronensaft
2 kleine Thymianzweige
Eiswürfel
Tonic zum Auffüllen
Apfelscheiben (optional)

1. Cider in hohe Gläser füllen, Wodka und Zitronensaft zufügen.
2. In jedes Glas 1 frischen Thymianzweig hineingeben und 1–2 Minuten ziehen lassen.
3. Eiswürfel hinzufügen und mit Tonic auffüllen.
4. Nach Belieben mit Apfelscheiben garnieren.

Zauberwesen und Zaubersprüche

FISHY-GREEN-ALE-COCKTAIL

»Fishy Green Ale« ist ein Zaubergetränk, zu dessen Zutaten auch Fischeier gehören. Ich habe die Fischeier gegen Bubble-Tea-Perlen ausgetauscht.

ZUTATEN FÜR 4 GLÄSER

750 ml Mineralwasser
200 ml Zitronenlimonade
3 TL Limettensaft
200 g Zucker
60 ml Pfefferminzsirup
grüne Lebensmittelfarbe
Eiswürfel
100 g Bubble-Tea-Perlen mit Blaubeergeschmack

1. Wasser, Limonade, Limettensaft und Zucker in einen Topf geben und verrühren. Erhitzen, bis sich der Zucker vollständig aufgelöst hat.

2. Vom Herd nehmen und 10 Minuten abkühlen lassen. Pfefferminzsirup unterrühren. Mit der Lebensmittelfarbe mischen.

3. Eiswürfel und Bubble-Tea-Perlen auf große Gläser verteilen und mit der Limonadenmischung aufgießen.

PFEFFERMINZSIRUP

Der Sirup für den Fishy-Green-Ale-Cocktail lässt sich mit etwas Zeit auch selbst herstellen.

ZUTATEN FÜR 500 ML

200 g Minze (am besten frische Pfefferminze oder Nanaminze)
1 Zitrone
1 l Wasser
500 g Zucker

1. Minze waschen und die Zitrone auspressen. Zitronensaft und Wasser in einen Topf geben. Minze hinzufügen und 24 Stunden ziehen lassen.

2. Erhitzen und 1 Minute kochen lassen. Abseihen und den Sud auffangen.

3. Den Sud mit Zucker zum Kochen bringen und 25 Minuten köcheln lassen. Dann heiß in sterilisierte Flaschen füllen.

PATRONUS COLADA

Expecto Patronum! Der Patronuszauber wird nur durch die Kraft einer glücklichen Erinnerung erzeugt. Damit ihr eine glückliche Erinnerung an einen leckeren Cocktail habt, gibt es nun eine »Patronus Colada«.

ZUTATEN FÜR 1 GLAS

60 ml Rum
40 ml Kokosmilch
100 ml Ananassaft
20 ml Sahne
10 Eiswürfel
50 g Ananaswürfel (gefroren)

Alle Zutaten in einen Hochleistungsmixer geben und mixen. Eine eiskalte Erfrischung, die noch lange in Erinnerung bleiben wird.

ELFENWEIN-COCKTAIL

Elfenwein ist natürlich nur in der magischen Welt bekannt. Severus Snape hat immer ein Fläschchen im Haus, sollte unerwartet Besuch kommen. Im Sommer empfiehlt es sich, den eisgekühlten Cocktail mit frischen Beeren zu servieren.

ZUTATEN FÜR 1 L

750 ml trockener Weißwein
100 ml Orangensaft
150 ml Ginger Ale
verschiedene Bio-Früchte (z. B. Trauben, Beeren, Zitronen, Limetten oder Kiwi)
Eiswürfel oder Crushed Ice

Alles in ein großes Gefäß geben und gut durchrühren. Am besten eiskalt servieren.

ROTER ELFEN-COCKTAIL

Ob die Elfen in der magischen Welt auch Rotwein herstellen, ist nicht bekannt, aber für die Liebhaber von Rotwein darf ein fruchtig-herber Weincocktail nicht fehlen.

ZUTATEN FÜR 2 GLÄSER

500 ml Rotwein
20 ml Kräuterlikör
je 1 Handvoll gefrorene Erdbeeren, Himbeeren und gefrorene Beerenmischung
Saft von ½ Zitrone

Alle Zutaten in einem Gefäß vermengen, dann auf 2 Gläser verteilen und sofort servieren.

TIPP:

Für Kinder kann man den Rotwein gut gegen roten Traubensaft austauschen.

EINHORN-COCKTAIL FÜR KLEINE ZAUBERLEHRLINGE

Seit Harry Potter weiß jedes Kind: Horn, Haare und Blut eines Einhorns haben mächtige magische Kräfte. Das Sinnbild von Reinheit und Kraft erhält natürlich seinen eigenen Drink.

ZUTATEN FÜR 2 GLÄSER

50 ml Zitronensaft + 2 EL zum Garnieren
Zuckerstreusel zum Garnieren
100 ml Erdbeersirup
250 ml Zitronenlimonade
Eiswürfel

1. Den Rand von 2 Gläsern zuerst in 2 EL Zitronensaft und dann in Zuckerstreusel dippen. Trocknen lassen.

2. Erdbeersirup, restlichen Zitronensaft und Zitronenlimonade verrühren, auf die Gläser verteilen und mit Eiswürfeln servieren.

TIPP:

Wer eine Variante mit Alkohol favorisiert, der mixt für 2 Portionen noch 50 ml Gin dazu.

BLACK MAGIC

Der schrecklichste schwarze Magier ist und bleibt Lord Voldemort. Doch diesem widmen wir natürlich keinen eigenen Cocktail. »Black Magic« ist ein Drink für alle, die einen Gegenzauber benötigen – denn auch der gehört zur schwarzen Magie.

ZUTATEN FÜR
1 GLAS

50 ml dunkler Rum
25 ml Kaffeelikör
5 Eiswürfel
2 Tropfen schwarze Lebensmittelfarbe
1 EL Zucker
1 EL Wasser oder flüssiger Honig

1. Rum, Kaffeelikör, Eiswürfel und 1 Tropfen Lebensmittelfarbe in einen Shaker füllen und gut schütteln.

2. Den Zucker in eine kleine Schüssel geben und mit dem restlichen Tropfen Farbe verrühren.

3. Den Rand des Glases mit Wasser oder Honig befeuchten und in dem schwarzen Zucker wälzen. Dann Cocktail einfüllen und genießen.

AMORTENTIA-COCKTAIL

Ein Hoch auf den Zaubertrank »Amortentia«, der als mächtigster aller Liebestränke gilt und in Hogwarts verboten ist. Da wir aber alle ein bisschen Liebe brauchen, ganz ohne Zauber, habe ich einen leckeren Liebescocktail für euch kreiert.

ZUTATEN FÜR 1 GLAS

40 ml brauner Rum
40 ml weißer Rum
20 ml Orangenlikör
40 ml Limettensaft
40 ml Ananassaft
40 Orangensaft
20 ml Grenadinesirup
Crushed Ice
Minze zum Garnieren

Alle Zutaten außer dem Eis in einen Cocktailshaker geben und gut schütteln. Dann mit dem Eis in ein Glas füllen und mit Minze garnieren.

FELIX FELICIS LIGHT

»Felix Felicis« ist eigentlich ein starker Zaubertrank, der die Menschen mit Glück versorgen soll, wenn man ihn richtig zubereitet. Eine Überdosierung des »flüssigen Glücks« führt allerdings zu Leichtsinn, Rücksichtslosigkeit und Selbstüberschätzung. Ähnlich wie bei erhöhtem Alkoholkonsum. Daher wird der »Felix Felicis« hier alkoholfrei zubereitet.

ZUTATEN FÜR 1 GLAS

Crushed Ice
20 ml Ananassaft
20 ml Grapefruitsaft
20 ml Orangensaft
250 ml Ginger Ale
1 Bio-Orangenscheibe zum Garnieren

Ein bauchiges Glas mit Crushed Ice füllen, die Säfte und Ginger Ale aufgießen und den Cocktail mit der Orangenscheibe garnieren.

TRÄNEN DES PHÖNIX

Der Phönix ist ein ganz besonderes magisches Haustier, da er aus freien Stücken bei einem Menschen bleibt und so der treueste Begleiter ist. Die Tränen des Phönix schließen Wunden, die sofort verheilen.

ZUTATEN FÜR 2 GLÄSER

2 EL Kokosraspel
100 ml Kokosmilch
100 ml Vollmilch
50 ml weißer Rum
1 TL Vanillesirup

1. Die Ränder von 2 Gläsern etwas anfeuchten und in den Kokosraspeln wälzen.
2. Kokosmilch, Vollmilch, Rum und Sirup in einen Shaker geben, gut schütteln und auf die Gläser verteilen.

TIPP:

Wenn man den Rum weglässt, schmeckt dieser Cocktail auch Kindern.

ANI-COCO-MAGUS

Ein Animagus ist eine magische Person, die sich in ein Tier verwandeln kann. Um welches Tier es sich jeweils handelt, hängt von der Persönlichkeit des Animagus ab und kann nicht selbst entschieden werden. Die Verwandlung ist so leicht wie der Geschmack des »Ani-Coco-Magus«.

ZUTATEN FÜR 1½ L

1¼ l Kokoswasser
150 g Zucker
250 ml weißer Rum
2 Limetten
Crushed Ice

1. Kokoswasser, Zucker und Rum verrühren, bis sich der Zucker vollständig aufgelöst hat. Limetten auspressen und den Limettensaft unterrühren.

2. Auf Gläser verteilen und mit viel Eis servieren.

HOGWARTS

GRYFFINDORS GIMLET

Vielleicht hat Godric Gryffindor, einer der Gründer der Hogwarts-Schule für Hexerei und Zauberei, einen Gimlet getrunken, als er das Wappen mit dem goldenen Löwen kreierte. Der Cocktail besitzt den gleichen goldenen Schimmer wie der Löwe.

ZUTATEN FÜR 1 GLAS

40 ml Dry Gin
20 ml Limettensirup
1 Eiswürfel
1 Limettenscheibe zum Garnieren

Gin und Limettensirup in ein Glas geben und umrühren. Eiswürfel hinzufügen und den Cocktail mit der Limettenscheibe garnieren.

GREY LADY

Helena Ravenclaw lebt nun schon Jahrhunderte als Geist in Hogwarts, der Schule für Hexerei und Zauberei. Sie wurde ermordet und wird liebevoll die »Graue Dame« genannt. Zu ihren Ehren gibt es ganz stilecht einen fast grauen Cocktail.

ZUTATEN FÜR 1 GLAS

60 ml Rum
15 ml Brandy
30 ml Limettensaft
½ EL schwarze Sesampaste
3 Tropfen Rosenwasser
15 ml brauner Rohrzuckersirup
1 Scheibe Limette zum Garnieren
Crushed Ice

1. Alle Zutaten in einen Cocktailshaker geben und schütteln.
2. Crushed Ice in ein großes Glas geben.
3. Den Cocktail abseihen und mit der Limettenscheibe garnieren.

GOLDENER SCHNATZ

Der kleine goldene Ball mit Flügeln – fast wäre es in der Hogwarts-Schule langweilig, wenn es das Spiel »Quidditch« rund um den goldenen Schnatz nicht geben würde.

ZUTATEN FÜR 1 GLAS

Eiswürfel
30 ml Gin
15 ml Zitronensaft
10 ml Holunderblütensirup
2 Spritzer Orangenbitter
Sekt nach Belieben

1. Eiswürfel in einen Shaker füllen.
2. Gin, Zitronensaft, Holunderblütensirup und Orangenbitter in den Shaker geben und schütteln.
3. In ein Glas abseihen und nach Wunsch mit Sekt aufgießen.

PUMPKINTINI

Kürbissaft wird in den Harry-Potter-Büchern gern und viel getrunken und soll richtig erfrischend schmecken. Sollten sich Harry, Ron und Hermine nochmals mit dem *Hogwarts-Express* aufmachen, dann serviert man ihnen im Zug sicherlich einen Pumpkintini.

ZUTATEN FÜR 2 GLÄSER

1 Butterkeks
1 EL Zucker
½ TL Zimt
30 ml Ahornsirup
60 ml Wodka
30 ml Rum
10 ml Sahne
50 ml Milch
3 Eiswürfel
2 EL Kürbispüree

1. Den Keks fein zermahlen und mit Zucker und Zimt vermischen. Die Mischung auf einen tiefen Teller geben. Ahornsirup auf einen zweiten Teller gießen.

2. Die Ränder von 2 Martinigläsern erst in den Ahornsirup, dann in die Zuckermischung tunken.

3. Alle anderen Zutaten in einen Shaker geben, kräftig schütteln und in die vorbereiteten Gläser füllen.

SCHOK-O-FROSCH-COCKTAIL

Schokofrösche sind in Hogwarts sehr beliebt. Nicht nur, weil sie lecker sind, sondern auch, weil in jeder Packung Sammelkarten berühmter Zauberer und Hexen zu finden sind. Schokolade eignet sich ideal für Cocktails.

ZUTATEN FÜR 1 GLAS

30 ml Tequila
20 ml Schokoladenlikör
20 ml Sahne
10 Eiswürfel
geraspelte Schokolade zum Garnieren

Alle Zutaten in einen Mixer geben und vermischen. In ein Martiniglas füllen und mit geraspelter Schokolade garnieren.

NEUNDREIVIERTEL-BIER

Vom verborgenen Gleis »9 ¾« verkehrt der *Hogwarts-Express*, der am 1. September jeden Jahres die Schüler zur Hogwarts-Schule für Hexerei und Zauberei bringt. Nur wer den magischen Zugang kennt, weiß, wo sich das Gleis befindet.

ZUTATEN FÜR 1 GLAS

180 ml Ginger Beer
60 ml Rum
Eis

Eis in ein großes Glas geben und mit Ginger Beer aufgießen. Langsam den Rum hinzugießen und servieren.

SLYTHERINS SNAKE

List, Ehrgeiz und Stolz, das sind die Werte von Salazar Slytherin, einem Mitgründer der Hogwarts-Schule. Man munkelt, dass Slytherin die meisten Hexen und Zauberer ausgebildet hat, die später auf Lord Voldemorts Seite gekämpft haben.

ZUTATEN FÜR 1 GLAS

10 Eiswürfel
20 ml Pernod
30 ml Blue Curaçao
70 ml Orangensaft
80 ml Maracujasaft
Saft von ½ Zitrone
1 Bio-Zitronenscheibe zum Garnieren

1. Ein Cocktailglas mit 5 Eiswürfeln befüllen. Die restlichen Eiswürfel mit Pernod, Blue Curaçao, Orangen-, Maracuja- und Zitronensaft in einen Shaker geben und schütteln.

2. Durch ein Barsieb in das Glas gießen und mit der Zitronenscheibe garnieren.

HELGAS HUFFLEPUFF

Zu Ehren der Hogwarts-Gründerin Helga Hufflepuff gibt es einen ganz besonderen Cocktail. So süß wie Helga selbst und der Dachs, der das Wappentier des Hauses *Hufflepuff* ist.

ZUTATEN FÜR 1 GLAS

40 ml Orangensaft
40 ml Maracujasaft
10 ml Zitronensaft
20 ml Vanillesirup
40 ml Wodka
Crushed Ice

Alle Zutaten gut verrühren und mit Crushed Ice servieren. Auch ohne Wodka eine leckere Erfrischung.

BLUE RAVENCLAW

Rowena Ravenclaw, ebenfalls eine Gründerin von Hogwarts, war die Trägerin eines magischen Diadems. Leider wurde ihr dieses von ihrer Tochter Helena gestohlen. Man sagt, dass Rowena vor lauter Ärger darüber so früh verstarb. So blau wie das Wappen von Ravenclaw ist auch der Cocktail. Prost, Rowena!

ZUTATEN FÜR 1 GLAS

Eiswürfel
30 ml Wodka
30 ml Blue Curaçao
20 ml Zitronensaft
40 ml Orangensaft

1. Die Eiswürfel zusammen mit den restlichen Zutaten in ein Rührglas geben und umrühren.
2. Den Drink in ein Cocktailglas abseihen.

DER BLUTIGE BARON

Slytherins Hausgeist, der blutige Baron, ist mit Blut beschmiert. Woher dieses aber stammt, will er nicht verraten. Da passt ein blutroter Cocktail doch am besten.

ZUTATEN FÜR 1 GLAS

30 g frische oder TK-Erdbeeren
20 ml Campari
1 TL Erdbeersirup
150 ml Weißwein (gekühlt)
70 ml Sekt (gekühlt)

1. Erdbeeren, Campari und Sirup vermengen und 1 Stunde ziehen lassen.
2. Die Erdbeeren in ein Glas geben und mit Wein und Sekt auffüllen.

VERBOTENER-WALD-COCKTAIL FÜR JUNGE HEXEN UND ZAUBERER

Der Verbotene Wald beherbergt nicht nur Einhörner und Zentauren, sondern auch gefährliche Kreaturen wie menschenfressende Riesenspinnen. Die Kräuter aus dem verbotenen Wald sind aber harmlos und die perfekte Zutat für diesen Cocktail.

ZUTATEN FÜR 4 GLÄSER

Saft von 4 Zitronen
2 TL Zucker
2 Zweige Rosmarin
1 Zweig Thymian
2 Zweige Minze
10 Salbeiblätter
10 Basilikumblätter
1 l eiskaltes Mineralwasser
Eiswürfel

1. Zitronensaft mit Zucker kurz aufkochen, gewaschene Kräuter hinzugeben und diese 1 Stunde ziehen lassen.

2. Durch ein Sieb auf Gläser verteilen, mit Mineralwasser aufgießen und Eiswürfel hinzugeben.

Weitere Koch- und Backbücher aus der Harry-Potter-Welt

Das inoffizielle Harry-Potter-Backbuch
ISBN: 978-3-7423-0627-2

Das inoffizielle Harry-Potter-
Koch- und Backbuch
ISBN: 978-3-7423-1384-3

Das inoffizielle Harry-Potter-Kochbuch
ISBN: 978-3-7423-0029-4